AF356915

—

LIVRES

DE

NUMISMATIQUE

COLLECTION V. LUNEAU

BIBLIOTHÈQUE NUMISMATIQUE

Conditions de la Vente

La vente aura lieu au comptant.

Les acquéreurs paieront *dix-sept et demi ou douze et demi pour cent* en sus des enchères.

M. Clément PLATT exécutera les Commissions que MM. les Amateurs voudront bien lui confier, aux conditions habituelles (5 o/o sur la limite).

L'expert donnera sur demande, de son mieux, tous les renseignements désirés sur les numéros de la vente, et leur estimation présumée.

L'expert peut suivre ou modifier l'ordre du catalogue, et réunir ou diviser les numéros.

COLLECTION V. LUNEAU

LIVRES DE NUMISMATIQUE

Dont la vente aux Enchères publiques aura lieu à Paris

HOTEL DROUOT, SALLE N° 10

LE SAMEDI 28 AVRIL 1923

A DEUX HEURES

Mᵉ ANDRÉ DESVOUGES
COMMISSAIRE-PRISEUR
26, Rue de la Grange-Batelière

M. CLÉMENT PLATT
EXPERT
19, Rue des Petits-Champs

PARIS

BIBLIOTHEQUE NUMISMATIQUE

OUVRAGES DE NUMISMATIQUE

1 — **Armand (Alfred)**. Les médailleurs italiens des XVe et XVIe siècles, Paris 1883. 3 volumes gr. in-8 brochés.

2 — **Ailly (Le baron d')**. Recherches sur la Monnaie Romaine, Lyon 1864 4 volumes in-4°. 113 planches, reliés.

3 — **Ambrosoli (S.)** Monete Greche, Milan 1899. 1 volume in-12, avec gravures, cartonné.

4 — Numismatica, Milan 1904. 1 volume in-12, 4 planches et figures, cartonné.

5 — Vocabolarieto per numismatici in 7 lingue, Milan 1897. 1 volume in-12, cartonné.

6 — Monete papali moderne, Milan 1905. 1 volume in-12, avec figures, cartonné,

7 — **Babelon (E.)** Description historique et chronologique des Monnaies de la République Romaine, dites Monnaies Consulaires, Paris 1885. 2 volumes gr. in-8°, nombreuses figures dans le texte, reliés.

8 — Les collections de monnaies anciennes, leur utilité scientifique, Paris 1897. 1 volume in-18, avec figures dans le texte, broché.

9 — Traité des Monnaies Grecques et Romaines, Paris 1901. 4 volumes in-4° et 3 atlas cartonnés de 270 planches. Tout ce qui a paru.

10 — **Barthélemy (A. de)**. Nouveau manuel de Numismatique ancienne, Paris 1890. 1 volume in-18, cartonné, et atlas oblong de 12 planches, cartonné.

11 — Manuel de Numismatique du Moyen-Age et Moderne, Paris sans date. 1 volume in-18, cartonné, et atlas oblong de 12 planches, cartonné.

12 — Numismatique de la France, 1re partie : époque gauloise, gallo-romaine et mérovingienne, Paris 1891. 1 volume in-8°. avec figures, broché.

13 — **Barrême**. Le grand banquier de France. 1 volume in-8°, avec gravures, relié.

14 — **Belfort (A. de)**. Description générale des monnaies Mérovingiennes, Paris 1892. 5 volumes gr. in-8°. nombreuses figures dans le texte, reliés.

15 — **Beulé**. Les monnaies d'Athènes. Paris 1858. 1 volume in-4°, 140 planches, relié.

16 — **Bie (J. de)**. Les familles de France illustrées par les monuments des médailles anciennes et modernes, Paris 1636. 1 volume in-4°, 46 planches, couverture parchemin.

17 — **Blancard (E.)**. Essai sur les monnaies de Charles 1er, comte de Provence, Paris 1868. 1 volume in-8°, 5 planches, relié.

18 — **Blanchet (J.A.)** Nouveau manuel de Numismatique du Moyen-Age et Moderne, Paris 1890. 2 volumes in-18, cartonnés, et atlas oblong de 14 planches, cartonné.

19 — Les monnaies Romaines, Paris 1896. 1 volume in-18, 12 planches, broché.

20 — Les monnaies Grecques, Paris 1894. 1 volume in-18, 12 planches, broché.

21 — Traité des monnaies Gauloises, Paris 1905. 2 volumes in-8°, 3 planches, 1 carte et nombreuses figures dans le texte.

22 — **Blanchet et Dieudonné**. Manuel de Numismatique Française, Paris 1912. 2 volumes in-8°, cartonnés, 12 planches et nombreuses figures dans le texte.

23 — **Blanchet et Schlumberger.** Numismatique du Béarn, Paris 1893. 1 volume in-8°. 17 planches, relié.

24 — **Blanchet et Villenoisy (Fr. de).** Guide pratique de l'antiquaire, Paris 1899. 1 volume in-18, broché.

25 — **Bompois (F.).** Les types monétaires de la guerre sociale, Paris 1873. 1 volume in-4°. 3 planches, relié.

26 — Monnaies de la Communauté des Macédoniens, Paris 1876. 1 volume in-4°, 5 planches, relié.

27 — **Bonneville (A.)** Encyclopédie monétaire ou nouveau traité des monnaies d'or et d'argent, Paris 1849. 1 volume in-f°, 197 planches, relié.

28 — **Bouthowski-Glinka.** Petit Mionnet de poche ou répertoire pratique à l'usage des numismates en voyage, Berlin 1889. 1 volume in-8°. relié.

29 — Dictionnaire de Numismatique : Romaines impériales et Grecques coloniales, Leipzig 1881. 2 tomes reliés en 1 volume in-8°, avec figures.

30 — **Caron (E.)** Monnaies féodales françaises. Complément de l'ouvrage de Poëy d'Avant, Paris 1882. 1 volume in-4°, 27 planches, relié.

31 — **Carpentier (A.)** Galerie numismatique de Marseille. 1 volume in-8, 4 planches, relié.

32 — **Chabouillet (A.).** Monnaies normandes des XI° et XII° siècles, Caen 1888. 1 volume in-8, 5 planches, relié.

33 — **Chalon (R.).** Recherches sur les monnaies des comtes de Hainaut, avec supplément, Bruxelles 1848. 2 volumes in-4°, 24 planches, reliés.

34 — Recherches sur les monnaies des comtes de Namur, avec supplément, Bruxelles 1860. 1 volume in-4°. 24 planches, relié.

35 — **Charrier (L.).** Description des monnaies de la Numidie et de la Mauritanie, Bône 1886. 1 volume in-4°, relié.

36 — **Charvet (J.).** Origine du pouvoir temporel des papes précisée par la Numismatique, avec la dissertation de Leblanc sur Charlemagne, Paris 1865. 1 volume in-4°, relié.

37 — **Du Chastel (A,).** Syracuse, ses monnaies d'or et d'argent au point de vue artistique. Londres 1898. 1 volume in-8°, 14 planches, cartonné.

38 — **Cinagli.** Le Monete dei Papi, 1848. 1 volume in-f°, cartonné.

39 — **Cohen (H.).** Description générale des Monnaies de la République Romaine, Paris 1857. 1 volume in-4°, 75 planches, relié.

40 — Guide de l'acheteur des médailles Romaines et Byzantines, Paris 1876. 1 volume in-4°, broché.

41 — Description historique des monnaies frappées sous l'empire romain depuis Pompée jusqu'à la chute de l'Empire d'Occident, Paris 1880. 2e édition. 8 volumes in-8°, avec nombreuses figures dans le texte, reliés.

42 — **Combrouse (G.).** Monétaires des rois Mérovingiens, Paris 1843. 1 volume in-4°, 62 planches, relié.

43 — Catalogue raisonné des monnaies nationales de France, Paris 1839. 1 volume in-4°, relié.

44 — Décaméron numismatique, Paris 1834. 1 volume in-4°, relié.

45 — Maison de France. Choix de monnaies et médailles comprenant la suite iconographique de l'auteur, Paris 1845. 1 volume in-4°, relié.

46 — **Dancoisne (L.).** Recueil historique des monnaies, etc. de Béthune, Arras 1859. 1 volume in-8, 27 planches, relié.

47 — **Decourdemanche (J.-A.).** Traité des monnaies, mesures et poids anciens et modernes des Indes et de la Chine. Paris 1913. 1 volume in-8, relié.

48 — **Den Duyts**. Notice sur les anciennes monnaies des comté de Flandre, duché de Brabant, comté de Hainaut, comté de Namur et duché de Luxembourg. Gand 1847. 1 volume in-8, 40 planches. relié.

49 — **Desains**. Recherches sur les monnaies de Laon. 1 volume in-4·, 3 planches, cartonné.

50 — **Dewismes**. Catalogue raisonné des monnaies d'Artois, Saint-Omer 1866. 1 volume in-8, 16 planches, relié.

51 — **Duby (Tobiesen)**. Recueil général des pièces obsidionales et de nécessité, Paris 1786. I volume in-4·, 31 planches, relié.

52 — **Dumersan**. Description des monnaies antiques du cabinet de M. Allier de Hauteroche, Paris 1829. I volume in-4·, 16 planches, relié.

53 — Eléments de numismatique, Paris 1833. I volume in-12, I planche, cartonné.

54 — **Engel et R. Serrure**, Répertoire des sources imprimées de la numismatique française, Paris 1887. 3 volumes in-8, reliés.

55 — Traité de numismatique du Moyen-Age, Paris 1894. 3 volumes in-8, avec nombreuses figures dans le texte, reliés.

56 — Traité de numismatique moderne et contemporaine, Paris 1897. 2 volumes in-8, avec de nombreuses figures dans le texte, reliés.

57 — **Faivre (E.)**. Etat actuel des ateliers monétaires français. 2· édition. Aix an IX, 1 volume in-12, relié.

58 — **Fauris de Saint-Vincent**. Monnaies des comtes de Provence. 1 volume in-4·, 30 planches, relié.

59 — **Feuardent**. Collection de jetons et méreaux depuis Louis IX jusqu'à la la fin du Consulat de Bonaparte. Paris 1903. 4 volumes in-8, dont 1 atlas de 22 planches, reliés.

60 — **Feuardent**. Collection G. Demetrio : Egypte ancienne. 1re partie : Monnaies de Rois. 2e partie : Domination romaine. **Paris**. 2 volumes, reliés en un volume gr. in-4°, 36 planches.

61 — **Fillioux (A.).** Nouvel essai d'interprétation et de classification des monnaies de la Gaule, Paris 1867. 1 volume gr. in-8, 6 planches, relié.

62 — **Fillon**. Monnaies féodales françaises de la collection Jean Rousseau, avec prix de vente, Paris 1860. 1 volume gr. in-8, relié.

63 — **Florance** (Dr). Numismatique grecque. Ethnique des villes et peuples grecs. Séries impériales et coloniales, avec supplément, Paris 1903. 2 tomes reliés en 1 volume in-8.

64 **Florange (J.).** Armorial du jetonophile, Paris 1902. 2 tomes reliés en 1 volume in-8, nombreuses figures dans le texte.

65 — **Fontenay (J, de**). Manuel de l'Amateur de Jetons, Paris 1854. 1 volume in-8, nombreuses figures dans le texte, relié.

66 — Nouvelle étude de Jetons, Autun 1850. 1 volume in-8, nombreuses figures dans le texte, relié.

67 — **Fougères de Combrouse.** Monnaies de la deuxième race royale de France, Paris 1837. 1 volume in-4°, relié.

68 — **Frœhner (W.).** Les Médaillons de l'Empire Romain, Paris 1878, 1 volume in-4·, 1.300 vignettes, relié.

69 — **Gaillard**. Recherches sur les monnaies des comtes de Flandre, Gand 1852. 2 volumes in-4°, 30 planches, reliés.

70 — **Gaillardie** (L.) Poids anciens des villes de France, Paris 1898. 2 volumes in-4·, 57 planches, cartonnés.

71 — **Gariel** (E.). Les monnaies royales de France sous la race Carlovingienne, Strasbourg 1883. 2 tomes reliés en 1 volume in-4·, 92 planches,

72 — **Gnecchi (E.).** Guida numismatica universale, Milan 1903. 1 volume in-18, cartonné.

73 — **Monete Romane**, Milan 1907. 1 volume in-18, avec planches et figures, cartonné.

74 — **Godonnesche.** Médailles du règne de Louis XV. 1 volume in-4°, 52 planches, avec frontispice, titre et dédicace, entièrement gravés, reliure ancienne.

75 — **Goudard.** Notice sur les Médailles dites Pieds de sanglier, avec supplément et appendice, Toulouse 1880. 1 volume in-8, 7 planches, relié.

76 — **Graevius.** L'annaei flori epitomé rerum romanorum numismata et antiqua monumenta, Amsterdam 1703. 2 volumes in-8, avec gravures, reliés.

77 — **Head (B.).** Historia numorum. A manuel of greek numismatics, Oxford 1887. 1 volume in-8, nombreuses figures dans le texte, relié.

77 *bis* — Synopsis of the contents of the British Museum. A guide to the principal gold and silver coins of the ancients, Londres 1889. 1 volume in-8, 13 planches, relié.

78 — **Heiss (A.)** Description générale des monnaies antiques de l'Espagne, Paris 1870. 1 volume in-4°, 68 planches, relié.

79 — Description générale des monnaies des rois Visigoths d'Espagne, Paris 1872. 1 volume in-4°, 13 planches, relié.

80 — **Hennin.** Histoire numismatique de la Révolution française, Paris 1826. 2 tomes reliés en 1 volume in-4°, 95 planches, relié.

81 — Manuel de numismatique ancienne, Paris 1830. 2 volumes in-8, plus un atlas de 70 planches, reliés.

82 — **Hoffmann (H.).** Les monnaies royales de France depuis Hugues Capet jusqu'à Louis XVI, Paris 1878. 1 volume in-4°, 118 planches, relié.

83 — **Hoffmann** (H.). Le Numismate. Bulletin périodique. Paris, années 1862-64. 1 volume in-8, 8 planches, relié.

84 — **Hucher**. L'art gaulois ou les Gaulois d'après leurs médailles. Paris 1868. 2 volumes in-4°, 101 planches et nombreuses figures dans le texte, reliés.

85 — **Jacob** (G.). Traité élémentaire de numismatique grecque et romaine, d'après Eckel. Paris 1825, 1 volume in-8, 8 planches, relié.

86 — **Lambert**. Essai sur la numismatique gauloise du N. O. de la France, Paris 1844. 1 volume in-8, 31 planches et 2 symboliques.

87 — **Landon** (C.-P.). Numismatique du voyage du jeune Anacharsis en Grèce, Paris 1846. 2 volumes in-8, 90 planches, reliés.

88 — **Langlois**. Numismatique de l'Arménie dans l'Antiquité et au Moyen-Age, Paris 1859. Les deux parties reliées en 1 volume in-4°, 13 planches.

89 — **La Tour** (Henri de). Atlas des monnaies gauloises; Paris 1892. 1 volume in-f°, 55 planches, relié.

90 — Catalogue de la collection Rouyer, Paris 1899. 2 volumes in-8, 56 planches, reliés.

91 — **Ladé** (A.). Contribution à la numismatique des Comtes et Ducs de Savoie, Genève 1894. 3 parties reliées en I volume in-8, avec figures dans le texte.

92 — Le Trésor du Pas-de-l'Echelle, Genève 1895. I volume in-4°, 22 planches, relié.

93 — **Laugier** (J.) Etude historique sur les monnaies frappées par les Grands Maîtres de l'Ordre de Saint-Jean de Jérusalem. Marseille 1867. I volume in-4°, 4 planches, relié.

94 — Les monnaies massaliotes du cabinet des médailles de Marseille. Marseille 1887. I volume in-8, 17 planches.

95 — **Lavoix.** Catalogues des monnaies musulmanes à la Bibliothèque nationale, Paris 1887 :

    1° Kalifes orientaux. I volume in-8, 10 planches, relié.

    2° Espagne et Afrique, I volume in-8, 14 planches, relié.

    3° Egypte et Syrie, I volume in-8, 10 planches, relié.

    Ensemble 3 volumes:

96 — **Leblanc.** Traité historique des monnaies de France, avec la dissertation sur Charlemagne, Amsterdam 1692. I volume in-4°, 59 planches, relié.

97 Lecoq-Kerneven. — Traité de la composition et de la lecture de toutes inscriptions monétaires, etc., Rennes 1869. I volume in-8, 12 planches, relié.

98 — **Lehr** (**E.**). Les écus de cinq francs au point de vue de la numismatique et de l'histoire, Paris 1870. I volume in-8, 16 planches en relief, argentées, cartonné.

98 *bis* **Lelewel** (**J.**). Numismatique du Moyen-Age, Paris 1835. 2 volumes in-8 et I atlas de 15 planches in-4° oblong, reliés.

99 — Etudes numismatiques. Types gaulois ou celtiques. Bruxelles 1841. I volume in-8 et I atlas oblong, 12 planches, reliés.

100 — **Lenormant** (**Fr.**). La monnaie dans l'antiquité, Paris 1897. 3 volumes in-8, reliés.

101 — Monnaies et médailles, Paris. I volume in-8, nombreuses figures dans le texte, relié.

102 — **Lepaulle** (**E.**.. Etude historique sur M. A. Probus, d'après la numismatique, Lyon 1884. I volume in-8, relié.

103 — **Letellier** (**B.**.. Le guide du petit collectionneur des monnaies royales et seigneuriales de France, Paris 1882. I volume in-12, nombreuses figures dans le texte relié.

104 — **Letellier** (E.). Description historique des monnaies gauloises, royales et seigneuriales, avec les prix à chaque numéro. Paris 1888. 4 tomes reliés en 2 volumes in-12, nombreuses figures dans le texte.

105 — **Liebe** (C.S.). Gotha numaria, Amsterdam 1730. I volume in-f°, nombreuses figures dans le texte, relié.

106 — **Longpérier** (A. de). Mémoires sur la chronologie et l'iconographie des rois Parthes Arsacides, Paris 1853-1882. I volume in-4°, 18 planches. relié.

107 — Notice sur les monnaies françaises de la collection Rousseau, Paris 1847. I volume in-8, 9 planches et figures. relié.

108 — **Marchi et Tessieri.** L'aes grave del Museo Kircheriano, Rome 1829. 2 volumes in-4° dont un atlas de 40 planches, reliés.

109 — **Markoff** (A. de). Les monnaies des rois Parthes, supplément à l'ouvrage de Prokesch-Osten, Paris 1877. 2 fascicules reliés en I volume in-4°, 10 planches.

110 — **Marx Roger.** Les Médailleurs modernes en France et à l'Etranger, Paris 1900. I volume in-f°, 22 planches, relié.

111 — Les Médailleurs Français, Paris 1897. I volume in-f°, 11 planches, relié.

112 — **Maxe Verly** (L.). Histoire numismatique du Barrois, Bruxelles 1895. I volume in-8. figures dans le texte, relié.

113 — Monnaies antiques recueillies au châtel de Boviolles. I volume in-8, planches et figures, relié.

114 — **Mazerolles** (F.) Les Médailleurs Français du XVᵉ siècle au milieu du XVIIᵉ siècle. Paris 1902. 3 volumes dont un de 42 planches in-4°, cartonnés.

115 — La Monnaie, Paris 1907. I volume in-8. 107 planches, relié.

116 — Méliot (M. et A.). Dictionnaire illustré des monnaies. Paris 1906.
I volume in-12. 37 planches, cartonné.

117 — Migne (Abbé) et Z*. Dictionnaire de Numismatique et de Sigillographie religieuse. Paris 1852. I volume in-8. avec figures. relié.

118 — Millin et Millingen. Histoire métallique de Napoléon, Paris 1854. Recueil de 74 planches, en un volume in-8, relié.

119 — Mionnet. De la rareté et du prix des médailles romaines, Paris 1858. 2 volumes in-8. avec planches. reliés.

120 — Description des médailles antiques grecques et romaines, Paris 1822. 6 volumes in-8, dont un de planches, reliés. (2e édition pour le 1er volume).

121 — Supplément, Paris 1818. 9 volumes in-8, avec planches, reliés.

122 — Poids des médailles grecques d'or et d'argent du cabinet royal de France, Paris 1839. I volume in-8, relié.

123 — Atlas de géographie numismatique. I volume in-4·, relié.

124 — Morin (H.). Numismatique Féodale du Dauphiné, Paris 1854. I volume in-4·, 23 planches. relié,

125 — Müller (L.). Numismatique d'Alexandre le Grand, Copenhague 1855. 2 volumes : un de texte in-8 et un atlas de 29 planches in-4·, reliés.

126 — Numismatique de Lysimaque, 1857. 1 volume in-4·, 9 planches, relié.

127 — Numismatique de l'Ancienne Afrique, Copenhague 1860. 4 volumes in-4·, nombreuses figures dans le texte, reliés.

128 — Muret (E.). Catalogue des monnaies gauloises de la Bibliothèque nationale, Paris 1889. I volume in-4·, relié.

129 — Nahuys. Histoire numismatique du Royaume de Hollande sous Louis Napoléon, avec supplément, Amsterdam 1858. Les 2 parties reliés en I volume in-4·, 29 planches.

130 — **Neuman** Populorum et regum numi veteres inediti, 1779. 2 volumes in-4·, 21 planches, reliés.

131 — **Paruta**. La Sicilia descritta con medaglie, 1867, I volume in-fo, 153 planches, relié.

132 — **Perrin** (A.). Catalogue des médailles de Savoie, de Chambéry et d'Annecy, Chambéry 1883. I volume in-8, nombreuses figures dans le texte, relié.

133 — **Pinder.** Numismatique heckérienne, Paris 1853. I volume in-8, 2 planches, relié.

134 — **Poëy d'Avant**. — Description des monnaies seigneuriales françaises, Fontenay-Vendée 1853. I volume in-4·, 26 planches, avec tableau des prix relié.

135 — Monnaies féodales de France, Paris 1858. 3 volumes in-4·, 163 planches, reliés.

136 — **Ponton d'Amécourt (G. de)**. Recherches sur les monnaies mérovingiennes du Cenomannicum, Le Mans 1883. I volume in-8, nombreuses figures dans le texte, relié.

137 — Description raisonnée des monnaies mérovingiennes de Châlon-sur-Saône, Paris 1874 I volume in-8, 5 planches, relié.

138 — **Ponton d'Amécourt et de Préviala**. — Monnaies mérovingiennes du Gévaudan, Paris 1883. I volume in-8, 5 planches, relié.

139 — **Prokesch-Osten**. Les monnaies des rois Parthes, Paris 1874. I volume in-4, 6 planches, relié.

140 — **Promis** (D.). Monete dei Reali di Savoia, Turin 1841. 2 volumes in-4, 87 planches, reliés. Une planche refaite à la main.

141 — **Prou** (M.). Catalogue des monnaies mérovingiennes de la Bibliothèque nationale, Paris 1892. I volume in-4·, 36 planches, relié.

142 — **Prou** (M.). Catalogue des monnaies carolingiennes de la Bibliothèque
nationale. Paris 1896. I volume in-4·, 23 planches, relié.

143 — **Reinach** (**Th.**). Les monnaies Juives, Paris 1887. I volume in-18, gravures dans le texte.

144 — **Robert** (**Ch.**). Etudes sur les médaillons contorniates et médaillons
contorniates inédits, Bruxelles 1882. I volume in-12, 6 planches, relié.

145 — Numismatique des Evêques de Metz et de Verdun, Mâcon 1890. I volume
in-8, nombreuses figures dans le texte, relié.

146 Numismatique de Cambrai, Paris 1861. I volume gr. in-4, 56 planches,
relié.

147 — Numismatique de la Province de Languedoc, Toulouse 1876. I volume
in-4,, 12 planches, relié.

148 — Description raisonnée de la collection de monnaies gauloises de P.-Ch.
Robert, Paris 1880. I volume in-4·, I planche et figures, relié.

149 — **Rochette** (**R.**). Lettre à M. le duc de Luynes sur les graveurs de monnaies grecques, Paris 1831. I volume in-4·, 4 planches, relié.

149 *bis* — Mémoires de Numismatique, Paris 1840. I volume in-4·, 9 planches,
relié.

150 — **Roman** (**J.**). Les jetons du Dauphiné, Grenoble 1894. I volume in-8,
nombreuses figures dans le texte, relié.

151 — **Rondot** N.). Les médailleurs et les graveurs de monnaies en France,
Paris 1904. I volume gr. in-8, 39 planches, relié.

152 — **Prostwtsew et Prou.** Catalogue des plombs de l'antiquité du moyen-
âge et des temps modernes. Paris 1900. I volume in-8, 12 planches, relié.

153 — **Rouille** (**G.**). Promptuaire des Médailles, Lyon 1577. I volume in-8,
nombreuses vignettes dans le texte, relié. (**A souffert**).

154 — Rouyer (J.) **et Hucher** (E.). Histoire du jeton au Moyen-Age, Paris 1858. 1 volume in-8, 17 planches, relié.

155 — Sabatier. Description générale des médaillons contorniates, Paris 1860. 1 volume in-4·, 19 planches, relié.

156 — Description génerale des monnaies Byzantines, Paris 1862. 2 volumes in-8, 70 planches, reliés.

157 — Sambon (A.). Les monnaies antiques de l'Italie, Paris 1903-4. 5 fascicules parus, gr. in-8, nombreuses figures, brochés.

158 — Saulcy (de). Essai de classification des suites monétaires Byzantines, Metz 1836. 1 volume in-8 et un atlas in-4·, 33 planches, reliés.

159 — Numismatique de la Terre-Sainte, Paris 1874. 1 volume in-4·, 35 planches, relié.

160 — Numismatique des Croisades, Paris 1847. 1 volume in-4·, 19 planches, relié.

161 — Histoire numismatique de François I·r, roi de France. Paris 1876. 1 volume in-4·, nombreuses figures dans le texte, relié.

162 — Elément de l'histoire des ateliers monétaires du royaume de France, depuis Philippe-Auguste jusqu'à François I·r, Paris 1877. 1 volume in-4·, relié.

163 — Recherches sur les monnaies des Comtes et Ducs de Bar, Paris 1843. 1 volume in-4·, 7 planches, relié.

164 — Souvenirs numismatiques de la Révolution de 1848, Paris. 1 volume in-4· 60 planches, relié.

165 — Saussay (de la). Numismatique de la Gaule Narbonnaise, Blois 1842. 1 volume in-4·, 23 planches, relié.

166 — Schlumberger (**G.**). Numismatique de l'Orient latin avec supplément et index, Paris 1878. I volume in.4·, 21 planches, relié.

166 *bis* — Des bractéates d'Allemagne, Paris 1873. I volume in-8, 8 planches, relié.

167 — Serrure (**C.-P.**). Notice sur le cabinet monétaire de S.A. le Prince de Ligne, Gand 1847. I volume in-8, 2 planches, relié.

168 — Serrure (**C.-A.**). Essai de grammaire gauloise d'après les monuments épigraphiques, Gand. I volume in-8, relié.

169 — Etude sur la numismatique gauloise des Commentaires de César. I volume in-8, relié.

170 — Les monnaies des Voconces, Paris 1896. I volume gros in-8, nombreuses figures dans le texte, relié.

171 — Tochon d'Annecy. Recherches historiques et géographiques sur les médailles des nomes ou préfectures de l'Egypte, Paris 1822. I volume in-4·, nombreuses figures dans le texte, relié.

172 — Vaillant. Numismata imperatorum Romanorum præstantoria a Julio Cæsare ad Postumium tyrannos, Paris 1692. 2 volumes in-4·, figures dans le texte, reliés.

173 — Vaillier (**G.**) **et Laugier** (**J.**). Iconographie numismatique du Roi René et de sa famille, monographie des monnaies de René d'Anjou, roi de Sicile et comte de Provence, 2 tomes reliés en I volume in-8, 20 planches, relié.

174 — Van Loon (**G.**) Histoire métallique des XVII Provinces des Pays-Bas, La Haye 1732. 5 volumes in-f·, nombreuses et belles gravures dans le texte, reliure ancienne.

175 — Villaret (**E. de**). Numismatique Japonaise, Paris 1892. I volume in-8, 33 planches, relié.

176 — **Vitalini** (O.) Tariffa delle Monete Pontificie, secondo l'ordine del Cinagli, Camerino 1882. I volume in-8, relié.

177 — **Witte** (**le baron de**) Recherches sur les Empereurs qui ont régné dans les Gaules au III⁰ siècle de l'Ère chrétienne, Lyon 1868. I fort volume in-4·, 69 très belles planches, relié.

178 **Witte** (**A. de**). Histoire monétaire des Comtes de Louvain, Ducs de Brabant et Marquis du Saint-Empire, Anvers 1894. 3 volumes in-4·, 85 planches. reliés.

179 -- **Zay** (E.). — Histoire monétaire des Colonies françaises, d'après les documents officiels, avec supplément Paris 1892. I volume gr. in-8, 278 figures, relié.

Anonymes :

180 — Histoire des Impératrices, avec les observations morales et politiques, enrichie de leurs portraits. Paris 1646. I volume in-8, 54 gravures hors texte, recouvert parchemin.

181 — Médailles sur les principaux événements du règne de Louis-le-Grand, Paris 1702. I volume in-4·, avec gravures et frontispice, relié.

182 Monnaie de Paris. Catalogue de Poinçons, Coins et Médailles du Musée monétaire de la Commission des Monnaies et Médailles, Paris 1833. I volume in-8, relié.

183 — Tableau des monnaies d'or et d'argent des principaux Etats du monde, Paris 1855. I volume petit in-8, 16 planches coloriées, cartonné.

184 — La Monnaie de Paris à l'Exposition de 1900, Paris 1900. I volume petit in-8, broché.

185 — Almanach des Monnaies de 1785, Paris 1785. I volume in-12, 10 planches et frontispice, relié.

Revues et Publications diverses :

186 — Trésor de Numismatique et de Glyptique: Médailles françaises depuis le
règne de Charles VII jusqu'à Louis XVI, Paris 1836. 3 volumes in-f°, 156
planches, reliés.

187 — Trésor de numismatique et de glyptique : Choix de médailles exécutées
en Allemagne au XVIe et au XVIIe siècle, Paris 1841. 1 volume in-f°. 48
planches. relié.

188 — Trésor de numismatique et de glyptique : Numismatique des Rois Grecs.
1 volume in-f° incomplet. 80 planches (comprend jusqu'à la page 116 du texte
inclusivement, sans le titre. et jusqu'à la planche 80 inclusivement), cartonné.

189 — Congrès international de numismatique, Bruxelles 1891. 1 volume
in-8, 27 planches et carte, relié.

190 — **Cartier (E.) et de la Saussaye.** Revue numismatique française,
1836-1856. 1re série. Collection complète y compris les tables. 21 volumes
in-8, nombreuses planches, reliés.

191 — **Longpérier (A. de) et J. de Witte.** Nouvelle revue numismatique,
1856-1874. 2e série. Collection complète, 15 volumes. in-8. nombreuses
planches, reliés.

192 — **De Saulcy (F.), Barthélemy (A. de) et Hucher (E.)** Mélanges de
numismatique. faisant suite à la nouvelle revue. 2e série ci-dessus,
1874-1878. 3 volumes in-8, nombreuses planches. reliés.

193 — **Barthélemy A. de. Schlumberger (G.) et Babelon (A.).** Revue
numismatique 1883-1897. 3e série. Collection complète. 14 volumes in-8.
nombreuses planches. relié.

194 — Revue numismatique 1897-1921. 4e série. Collection complète avec le
volume de table des années 1836 à 1905. par A. Dieudonné. paru en 1908,
24 volumes in-8. nombreuses planches et gravures, 22 reliés. Les deux
dernières années brochées.

195 — **Serrure** (R.). Bulletin de numismatique 1901-1906. 16 années reliées en 13 volumes in-8, avec figures dans le texte, reliés. Paris.

196 — **Mazerolle** (F.). Gazette de numismatique 1897-1914. 16 volumes gros in-8 de l'origine à ...., avec portraits, planches et figures dans le texte, reliés.

197 — Annuaire de la Société Française de numismatique et d'archéologie. 1866-1896, 20 volumes gr. in-8, nombreuses planches et figures dans le texte. Collection complète, reliés.

198 — Comptes-rendus de la Société Française de numismatique et d'archéologie, 1869-1879. 5 volumes gros in-8.

199 — **Blanchet** (A.). Bulletin international de numismatique, 1902 à 1904, les seules années parues. 3 volumes in-8, reliés. Paris.

200 — **Spinck et Sons**. Numismatic Circular. Collection complète depuis l'origine 1893 jusqu'à 1922 . 29 volumes, dont 25 avec le cartonnage de l'éditeur, les derniers volumes en livraisons depuis 1918.

CATALOGUES de VENTE

DES

PRINCIPALES COLLECTIONS NUMISMATIQUES

avec les **Prix de vente pour chaque numéro**

201 — **Barron** (R..P.), Monnaies grecques et romaines. Munich 1911. 1 volume gr. in-8, 39 planches. relié.

202 — **Billoin**. Médailles grecques autonomes, Paris 1886. 1 volume in-8. 4 planches, relié,

203 — **Bizot** (E.). Monnaies romaines, Londres 1902, 1 volume in-8, 11 planches, cartonné.

204 — Borghesi. Monnaies diverses, Paris 1908. 1 volume in-8, 10 planches, cartonné.

205 — Buchenau et Heye. Monnaies médiévales et Modernes. Francfort 1909. 1 volume in-8, 10 planches, cartonné.

206 — Brüder Egger. Monnaies grecques et romaines. Vienne 1913, 1 gros volume in-8, 35 planches, cartonné.

207 — Brüder Egger. Monnaies grecques. Catalogue de la collection d'un amateur Sicilien. Vienne. 1 volume grand in-8, 12 planches, cartonné.

208 — Chaix (E.). Monnaies et Médailles d'Alsace. Paris 1883. 1 volume in-8, cartonné.

209 — Chaix (E.). Description de 1.100 médailles impériales grecques et coloniales latines. Paris 1889. 1 volume in-8, relié.

210 — Collector (of a late). Monnaies grecques. Londres 1900. 1 volume in-4·, 10 planches cartonné.

211 — Collignon M.. Monnaies grecques. Paris. 1 volume in-8, 24 planches, cartonné.

212 — Comte de D'''. Médailles grecques et romaines. Paris 1889. 1 volume in-8, 12 planches, relié.

213 — Dewamin (E.). Cent ans de numismatique française. Paris 1901. 1 volume in-4·, 4 figures, cartonné.

214 — Diemer (E.). Monnaies et Médailles alsaciennes. Francfort 1901. 1 volume in-8. 7 planches, cartonné.

215 — Engel-Gros. Monnaies et Médailles. Paris 1921. 1 gros volume in-8, 17 planches. relié.

216 — Gariel. Monnaies françaises. Paris 1875. 1 volume in-8, 7 planches, relié.

217 — Gnecchi. Monnaies italiennes. Francfort 1901. 1 volume in-8, 42 planches, relié.

218 — Gréau. Monnaies françaises et étrangères, Paris 1867. I volume in-8, 3 planches. relié.

219 — Médailles grecques. vente par Cohen, Paris 1867. I volume in-8, 4 planches. relié.

220 — Médailles romaines, vente par Cohen, Paris 1869. I volume in-8, 7 planches. relié.

221 — Gutekunst. Médailles et plaquettes, Munich 1910. I volume in-8, 12 planches. relié.

222 — Headlam. Monnaies grecques, Londres 1916. I volume in-8·. 10 planches, cartonné.

223 — Hartwig. Monnaies grecques et romaines, Rome 1910. I volume in-4·, 28 planches. relié.

224 — Hirsch (J. (vente par). Catalogues de collections diverses, surtout grecques. Munich 1903. I volume in-8, I5 planches, cartonné.

225 — Catalogues de collections de monnaies grecques et romaines, Munich, 1912. I volume in-8. 38 planches, relié.

226 — Catalogues de collections de monnaies antiques et diverses, Munich I894. I volume in-4, 46 planches, relié.

227 — Catalogue d'une *très importante* collection de monnaies grecques. Munich 1905. I gr. volume in-8, 58 planches. relié.

228 — Catalogue d'une collection de monnaies grecques, Munich 1906. I volume in-8, 20 planches, cartonné.

229 — Hoffmann (H. . Monnaies féodales françaises Paris 1887. I volume in-8, 2 planches, relié.

230 — Monnaies grecques et romaines. françaises et étrangères. Paris 1898. I volume in-4·, 12 planches, relié.

231 — **J.E.** Monnaies romaines en or. Paris 1909. 1 volume in-8. 15 planches, cartonné.

232 — **Kergariou (de)**. Monnaies gauloises. grecques, romaines et étrangères, Paris 1873. I volume in-8, relié.

233 — **K. R. A.** Monnaies grecques et romaines, Munich 1904. 1 volume in-8, 13 planches, cartonné.

234 — **Lac (J. du)**. Monnaies romaines. françaises, jetons, Paris 1910. I volume in-4, 11 planches, relié.

235 — **Lambros (J.-P)**. Monnaies grecques et romaines, Munich 1910. I volume in-8. 37 planches, relié.

236 — **Legras (P.-E.)**. Monnaies gauloises, françaises, étrangères, etc.. Paris 1882-1883. 5 parties reliées en I volume in-8.

237 — **Lobbecke**. Médailles grecques. ouvrages de numismatique, Munich 1906. I volume in-8, 14 planches, relié.

238 — **Maddalena**. Monnaies de l'Italie antique, Paris 1903. I volume in-8, 9 planches, relié.

239 — **Mailliet**. Monnaies obsidionales ou de nécessité, Paris 1886. 1 volume in-8, nombreuses figures dans le texte. relié.

240 — **Mann (A.)**. Monnaies antiques et anglaises, Londres 1917. 1 volume in-8. 8 planches, cartonné.

241 — **M. D. et N. A.** Monnaies grecques et romaines, Munich 1904. I volume in-8, 18 planches, cartonné.

242 — **Merkens (Fr)**. Monnaies grecques et romaines, Munich 1905. I volume in-8. 19 planches, relié.

243 — **Meunynck et Carlin de L.**. Médailles, jetons et monnaies du Moyen-Age et Moderne, Amsterdam 1906. I volume in-8. 13 planches, cartonné.

244 — **Meyer** (H.). Monnaies royales et seigneuriales françaises, Paris 1902.
I volume gr. in-8, 32 planches, relié.

245 — **Moltein (Walcher de)**. Médailles grecques, Paris 1895-1901. I volume
in-4·, 31 planches, relié.

246 — **Montagu** (H.). Greeh series, Londres 1896. I volume in-4·, 10 planches, relié.

247 — Monnaies d'or romaines et byzantines, Paris 1896. 1 volume in-4.,
41 planches, relié.

248 — **Moustier** (Marquis de). Médailles romaines, Paris 1872. 1 volume
in-8, 6 planches, relié.

249 — **Nevergna et Martinetti.** Monnaies grecques, romaines et italiennes,
Rome 1907. I gr. volume in-8, 47 planches, cartonné,

250 — **Norblin**. Monnaies françaises et étrangères, vente par Poëy d'Avant,
Paris 1855. I gr. volume in-8, carionné.

251 — **Photiadès Pacha**. Monnaies grecques, Paris 1890. I volume in-4·,
8 planches.
Monnaies byzantines, 1890. I volume in-4·, 2 planches, reliés ensemble.

252 — **Philipsen** (G.). Monnaies grecques, surtout de la Sicile, Munich 1912.
I volume in-4·, 23 planches, relié.

253 — **Ponton d'Amécourt**. Monnaies mérovingiennes, Paris 1890. I volume
in-4·, relié.

254 — Monnaies d'or romaines et byzantines, Paris 1887. I volume in-4·, 37
planches, relié.

255 — **Pozzi** (S.) Monnaies grecques, Lucerne 1920. I volume gr. in-8, 100
planches, relié.

256 — **Prowe** (T.). Monnaies grecques, Vienne 1914. I volume in-4·. 43 planches, relié.

257 — **Quélem**. Monnaies grecquee, romaines et byzantines, Paris 1888. I volume in-4·, 13 planches, relié.

258 — **Régnault**. Monnaies françaises, étrangères et médailles artistiques. Paris 1875-1878. 2 parties avec supplément, reliés en I volume in-8, 3 planches.

259 — **Richard**. Jetons français. Paris 1904. I volume in-8. 9 planches. relié.

260 — **Robert**. Pays-Bas et Nord de la France, Outre-Rhin, Est et Sud-Est de la France.

261 **Rodolpho-Ratto**. — Collection de monnaies grecques, Gênes 1809. I volume in-8, 22 planches, relié.

262 — Collection ee monnaies grecques et romaines, Milan 1912. I volume in-8·, 32 planches, relié.

263 — **Rollin et Fenardent**. Collection des médailles des rois et villes de Grèce, Paris 1862-1864. I volume in-8·, relié.

264 — Collection de médailles gauloises, royales et seigneuriales de France, Paris 1864-1865. 3 parties reliées en I volume in-8, relié.

265 — Collection de médailles romaines en vente à l'amiable, Paris 1874-1800. I volume in-8, relié.

266 — Catalogue des monnaies royales et seigneuriales de France, depuis les Mérovingiens jusqu'à nos jours, Paris 1900. I volume in-8 pour le texte, I volume in-4·, avec 20 planches pour l'atlas, reliés.

267 — Collection de monnaies grecques, Paris 1910. I volume in-4·, 12 planches, relié.

268 — **Rossi**. Monete di Zecche italione, mediovali et moderne. Rome 1880. I volume in-8, relié.

269 — **Sambon** (A.). Collection de gemmes et de médailles antiques, Paris 1902. 1 volume in-8, 7 planches, cartonné.

270 — Collection de monnaies de la Grande-Grèce et de la Sicile, Paris 1907, 1 gr. volume in-8, 21 planches, relié.

271 — **Schennis** (F. Von). Monnaies antiques, Munich 1913. 1 gr. in-8, 39 planches, relié.

272 — **Schuermans** (H.). Sceaux matrices, Paris 1909. 1 volume in-4·, 16 planches, relié.

273 — **Sarti**. Monnaies romaines, Rome 1906. 1 volume in-f°, 14 planches, relié.

274 — **Schœn-Lamblin** (G.-A.). Collection de monnaies françaises, Paris 1900. 1 volume in-8, 4 planches, cartonné.

275 — **Strozzi**. Collection de monnaies grecques et romaines, Rome 1907. 1 volume gr. in-8, 21 planches, relié.

276 — **Strœhlin** (P.-Ch.). Monnaies Suisses, Savoyardes, Gauloises, Monnaies et Médailles françaises et diverses, Genève. 3 volumes gr. in-4·, 98 planches, reliés.

277 — **Van Peteghen**. Collection de médailles et monnaies de 1870-1871, Paris 1890. 1 volume in-4·, 15 planches, relié.

278 — **Weber** (E.-F.). Collection de monnaies grecques, Munich 1908. 1 volume in-4·, 61 planches, relié.

279 — Collection de monnaies romaines, Munich 1909. 1 volume in-4·, 66 planches, relié.

Le Catalogue des **MONNAIES FÉODALES FRANÇAISES et MÉDAILLES**, 4ᵉ vente de la **Collection LUNEAU**, est actuellement en préparation. Il sera luxueusement édité, avec de nombreuses planches de reproductions, au prix de 10 francs l'exemplaire.

Prière de bien vouloir se faire inscrire chez l'expert : M. Cl. PLATT, 19, Rue des Petits-Champs - Paris (Iᵉʳ).

R. TAHOTE, Imprimeur-Graveur

47, rue de Richelieu - Paris

Composé et Imprimé
par
R. TAHOTE
Graveur-Imprimeur à Paris
47, Rue de Richelieu